하루 한장

비슷한말·반대말
손글씨
연습장

하루 한 장 비슷한말·반대말 손글씨 연습장

초판 1쇄 인쇄 2023년 6월 1일
초판 1쇄 발행 2023년 6월 8일

글 어린이독서사랑연구회

펴낸곳 M&K
펴낸이 구모니카
마케팅 신진섭
등록 제7-292호 2005년 1월 13일
주소 경기도 고양시 일산서구 고양대로 255번길 45, 903동 1503호(대화동, 대화마을)
전화 02-323-4610
팩스 0303-3130-4610
E-mail sjs4948@hanmail.net
Tistory https://mnkids.tistory.com

ISBN 979-11-91527-56-8

※ 값은 뒤표지에 있습니다. 잘못된 책은 바꾸어 드립니다.

하루 한장
비슷한말·반대말
손글씨 연습장

글 어린이독서사랑연구회

엠앤키즈

글씨 쓰기는 모든 공부의 첫걸음입니다.

세상에는 제각기 다른 얼굴이 있듯이 글씨 또한 모양새가 다릅니다.

글씨는 남들이 보기에 이쁘거나 혹은 반듯하거나 물론 글씨체가 이쁘고 반듯하면 훨씬 좋겠지요.

한 글자 한 글자에 정성을 들여 쓰면 읽기와 집중력 향상에 도움이 되고 숨은 능력을 이끌어 내는 힘도 길러집니다.

이 책에서는 읽고, 쓰고, 생각하며 탄탄한 어휘력을 학습할 수 있어요.

비슷한말·반대말 알고 제대로 쓰기

이 책에서는 빈약한 어휘력을 가진 아이들에게 ㄱ에서 ㅎ까지 초등학교 교과서, 학습지, 일상생활에 자주 등장하는 비슷한말·반대말을 수록하여 아이들 어휘력 향상에 직접 도움을 주는 데 중점을 두었습니다.

또한, 어휘력을 비롯한 언어 사용 능력뿐만 아니라 예쁜 손글씨도 연습할 수 있으며 정성을 들여 쓰다 보면 어느새 자신도 모르게 사고력 향상에도 도움이 될 거예요.

바른 자세를 만들어요! (오른손잡이 기준)

먼저 연필을 엄지와 검지로 모아 쥐여 주세요.
그리고 가볍게 가운뎃손가락으로 연필을 받치고
연필 끝에서 2~3센치 떨어진 곳을 잡아 주세요.
이때 연필의 기울기는 60~70도 사이로 잡아 주세요.

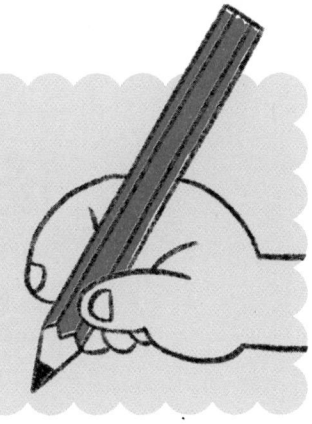

❶ 허리를 곧게 편다.
❷ 얼굴이 종이에 너무 가까워지지 않도록 한다.
❸ 왼손의 손바닥은 종이를 가볍게 눌러 잡아 준다.
❹ 오른쪽 팔꿈치를 책상에 올리지 않고 글씨 연습을 한다.

목차

1장 ㄱㄴㄷㅁ ⋯ 9

2장 ㅂㅅㅇㅈ ⋯ 37

3장 ㅊㅋㅌㅍㅎ ⋯ 65

4장 그 밖의 비슷한말·반대말 ⋯ 99

1장

[ㄱ ㄴ ㄷ ㅁ]

예쁘게 써보자!

ㄱ [기역] ①

비슷한말 읽으면서 바르게 따라 써 보아요.

• 고려하다 　고 려 하 다

뜻 생각하고 헤아려 보다

생각하고 헤아려 보다

주변의 환경을 고려하다.

주변의 환경을 고려하다.

사고의 원인을 생각하다.

사고의 원인을 생각하다.

앞일을 헤아리다.

앞일을 헤아리다.

• 생각하다 　생 각 하 다

• 헤아리다 　헤 아 리 다

• 따지다 　따 지 다

반대말

• 간신

| 간 | 신 | | | | | | | | |

뜻 간사한 신하

간사한 신하

간신의 모함을 받다.

왕은 충신을 내치고 간신들을 가까이했다.

간신 ↔ 충신

• 충신

| 충 | 신 | | | | | | |

뜻 나라와 임금을 위하여 충성을 다하는 신하

나라와 임금을 위하여 충성을 다하는 신하

충신이 역적으로 몰리다.

충신이 반역자의 누명을 썼다.

ㄱ [기역] ②

비슷한말

- 간수하다　　간 수 하 다

뜻 물건 따위를 잘 보호하거나 보관하다

부모님의 물건을 귀중히 간수하다.

구장의 잔디를 관리하다.

귀금속을 장롱 속에 간직하다.

- 관리하다　　관 리 하 다
- 간직하다　　간 직 하 다
- 보관하다　　보 관 하 다

반대말

• 겸손하다

뜻 남을 존중하고 자기를 내세우지 않는 태도가 있다

철수는 사람을 대하는 태도가 무척 겸손하다.

사람은 나이가 들수록 겸손해야 한다.

겸손하다 ↔ 교만하다

• 교만하다

뜻 잘난 체하며 뽐내고 건방지다

저 친구는 회장이 되더니 교만해졌다.

그는 교만하여 선생님의 충고를 무시했다.

ㄱ [기역] 3

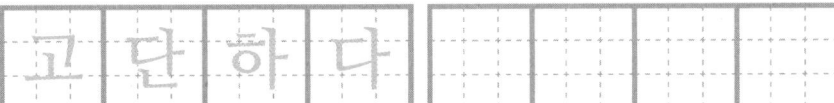

비슷한말

• 고단하다

뜻 일이 몹시 피곤할 정도로 힘들다

삶이 고단하다.

잠이 모자라서 늘 피곤하다.

하는 일이 무척 고달프다.

• 피곤하다

• 고달프다

• 힘들다

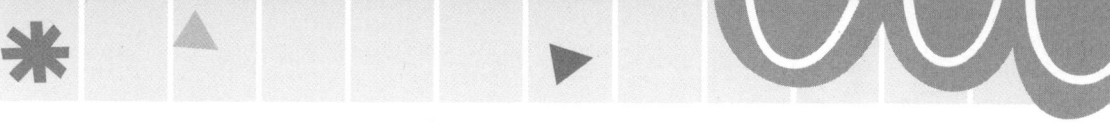

반대말

• 거부하다

뜻 요구나 제의 따위를 받아들이지 않고 물리치다

요구나 제의 따위를 받아들이지 않고 물리치다

공개를 거부하다.

법정에서 증언을 거부하다.

거부하다 ↔ 수락하다

• 수락하다

뜻 요구를 받아들이다

요구를 받아들이다

그의 요구 조건을 수락하였다.

나는 친구의 부탁을 흔쾌히 수락하였다.

ㄴ [니은] ①

비슷한말

• 낙심하다   낙 심 하 다

뜻 ▶ 바라던 일이 이루어지지 아니하여 마음이 상하다

바라던 일이 이루어지지 아니하여 마음이 상하다

입학시험에 떨어져 크게 낙심하였다.

입학시험에 떨어져 크게 낙심하였다.

시험에 떨어져도 너무 상심하지 마라.

시험에 떨어져도 너무 상심하지 마라.

우리는 그의 행동에 실망하였다.

우리는 그의 행동에 실망하였다.

• 상심하다   상 심 하 다

• 실망하다   실 망 하 다

• 낙망하다   낙 망 하 다

반대말

• 낙관하다　| 낙 | 관 | 하 | 다 |　| | | | |

뜻　앞으로의 일 따위가 잘되어 갈 것으로 여기다

앞으로의 일 따위가 잘되어 갈 것으로 여기다

결과를 낙관하다.

경기에서 승리를 낙관하고 있다.

낙관하다 ⟷ 비관하다

• 비관하다　| 비 | 관 | 하 | 다 |　| | | | |

뜻　앞으로의 일이 잘 안될 것이라고 보다

앞으로의 일이 잘 안될 것이라고 보다

자신의 불우한 삶을 비관했다.

앞날을 비관하지는 말자.

ㄴ [니은] ②

비슷한말

- 능숙하다　｜ 능 | 숙 | 하 | 다 ｜

뜻 능하고 익숙하다

능하고 익숙하다

그는 컴퓨터 조작에 능숙하다.

그는 컴퓨터 조작에 능숙하다.

그는 일 처리에 능통하다.

그는 일 처리에 능통하다.

그는 피아노 연주에도 능란했다.

그는 피아노 연주에도 능란했다.

- 능통하다　｜ 능 | 통 | 하 | 다 ｜
- 능란하다　｜ 능 | 란 | 하 | 다 ｜
- 익숙하다　｜ 익 | 숙 | 하 | 다 ｜

반대말

• 낯설다

> **뜻** 전에 본 기억이 없어 익숙하지 아니하다

전에 본 기억이 없어 익숙하지 아니하다

거리가 참 낯설다.

선생님과 반 친구들이 모두 낯설었다.

낯설다 ⟷ 낯익다

• 낯익다

> **뜻** 여러 번 보아서 눈에 익거나 친숙하다

여러 번 보아서 눈에 익거나 친숙하다

교실에 낯익은 얼굴들이 많이 있었다.

밖에서 낯익은 목소리가 들려왔다.

ㄴ [니은] ③

비슷한말

• 눈부시다   눈 부 시 다

> **뜻** 활약이나 업적이 뛰어나다

활약이나 업적이 뛰어나다

과학 분야에서 눈부신 성과를 이루었다.

과학 분야에서 눈부신 성과를 이루었다.

이 약은 진통 효과가 탁월하다.

이 약은 진통 효과가 탁월하다.

인품과 학문이 모두 뛰어나다.

인품과 학문이 모두 뛰어나다.

• 탁월하다   탁 월 하 다

• 훌륭하다   훌 륭 하 다

• 뛰어나다   뛰 어 나 다

- 너그럽다

> **뜻** 마음이 넓고 아량이 있다

마음이 넓고 아량이 있다

성품이 너그럽다.

채은이보다 찬혁이가 더 너그럽다.

너그럽다 ⇔ 옹졸하다

- 옹졸하다

> **뜻** 성품이 너그럽지 못하고 생각이 좁다

성품이 너그럽지 못하고 생각이 좁다

그 친구는 소심하고 옹졸했다.

그 일로 화를 낼만큼 옹졸하지 않았다.

비슷한말

• 도리어

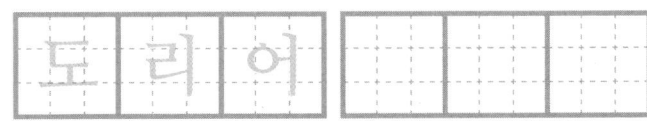

뜻 예상이나 기대 또는 일반적인 생각과는 반대되거나 다르게

잘못한 사람이 도리어 화를 낸다.

자기가 잘못하고서는 오히려 큰소리친다.

잘못한 놈이 외려 큰소리다.

• 오히려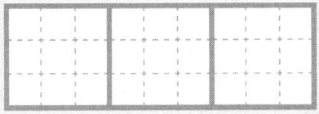

• 외려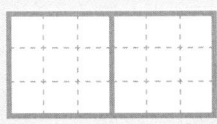

• 되레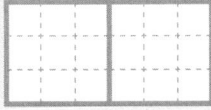

반대말

• 드물다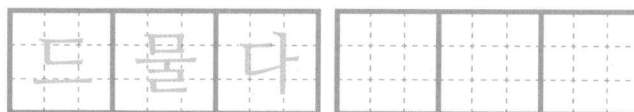

뜻 어떤 일이 일어나는 일이 잦지 아니하다

어떤 일이 일어나는 일이 잦지 아니하다

요즘 산에는 약초가 드물다.

컴퓨터를 쓰지 않는 사람이 드물다.

드물다 ⟷ 흔하다

• 흔하다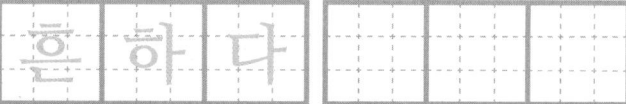

뜻 보통보다 더 자주 있거나 일어나서 쉽게 접할 수 있다

보통보다 더 자주 있거나 일어나서 쉽게 접할 수 있다

요즘은 딸기가 흔하다.

제주도에선 생선이 흔하다.

ㄷ [디귿] ②

비슷한말

- 독특하다 | 독 | 특 | 하 | 다 |

뜻 특별하게 다르다

특별하게 다르다

그 영화는 촬영 기법이 독특하다.

그 영화는 촬영 기법이 독특하다.

그릇에 모양이 아주 특이하다.

그릇에 모양이 아주 특이하다.

이 식당의 분위기는 아주 색다르다.

이 식당의 분위기는 아주 색다르다.

- 특이하다 | 특 | 이 | 하 | 다 |
- 색다르다 | 색 | 다 | 르 | 다 |
- 유별나다 | 유 | 별 | 나 | 다 |

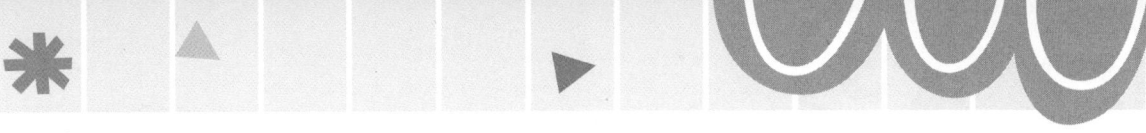

반대말

• 둔감하다

뜻 감정이나 감각이 무디다

감정이나 감각이 무디다

친구는 유행에 둔감하다.

나는 주변 환경에 둔감한 성격이다.

둔감하다 ↔ 민감하다

• 민감하다

뜻 자극에 빠르게 반응을 보이거나 쉽게 영향을 받는 데가 있다

자극에 빠르게 반응을 보이거나 쉽게 영향을 받는 데가 있다

옷은 특히 유행에 민감하다.

학생들은 시험 정보에 민감하다.

ㄷ [디귿] ③

비슷한말

• 두렵다　　두렵다

뜻 어떤 대상을 무서워하여 마음이 불안하다

어떤 대상을 무서워하여 마음이 불안하다

나는 덩치 큰 친구가 두렵다.

나는 덩치 큰 친구가 두렵다.

선생님에게 혼날까 봐 무섭다.

선생님에게 혼날까 봐 무섭다.

환자의 심리 상태가 불안하다.

환자의 심리 상태가 불안하다.

• 무섭다　　무섭다

• 불안하다　　불안하다

• 걱정스럽다　　걱정스럽다

반대말

• 도외시하다

뜻 상관하지 아니하거나 무시하다

이번 일이 도외시되어서는 안 된다.

부모님의 말씀을 도외시해서는 안 된다.

도외시하다 ↔ 중요시하다

• 중요시하다

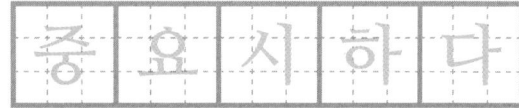

뜻 중요하게 여기다

그는 결과보다는 과정을 중요시한다.

그는 외모를 중요시하는 경향이 있다.

ㅁ [미음]

비슷한말

• 마침내

마 침 내

뜻 드디어 마지막에는

드디어 마지막에는

상처가 마침내 곪아 터졌다.

상처가 마침내 곪아 터졌다.

그 일은 기어코 해내고야 말겠다.

그 일은 기어코 해내고야 말겠다.

드디어 적의 성벽이 뚫렸다.

드디어 적의 성벽이 뚫렸다.

• 기어코   기 어 코

• 드디어   드 디 어

• 비로소   비 로 소

반대말

- 무능하다 | 무 | 능 | 하 | 다 | | | | |

> **뜻** 어떤 일을 해결하는 능력이 없다

어떤 일을 해결하는 능력이 없다

우리는 무능한 회장을 따를 수는 없다.

무능한 자신 때문에 친구들이 고생을 했다.

무능하다 ⟷ 유능하다

- 유능하다 | 유 | 능 | 하 | 다 | | | | |

> **뜻** 어떤 일을 남들보다 잘하는 능력이 있다

어떤 일을 남들보다 잘하는 능력이 있다

새로 온 선생님은 유능하다.

우리 반은 부회장이 회장보다 더 유능하다.

ㅁ [미음] ②

비슷한말

• 마땅하다   마 땅 하 다

뜻 ▶ 행동이나 대상 따위가 일정한 조건에 어울리게 알맞다

행동이나 대상 따위가 일정한 조건에 어울리게 알맞다

죄를 지은 사람은 벌을 받아 마땅하다.

죄를 지은 사람은 벌을 받아 마땅하다.

지금의 학교생활이 만족하다고 생각하다.

지금의 학교생활이 만족하다고 생각하다.

전문가가 아니라 모르는 것이 당연하다.

전문가가 아니라 모르는 것이 당연하다.

• 만족하다   만 족 하 다

• 당연하다   당 연 하 다

• 그럴듯하다   그 럴 듯 하 다

반대말

• 모호하다   모 호 하 다

뜻 말이나 태도가 흐리터분하여 분명하지 않다

말이나 태도가 흐리터분하여 분명하지 않다

소문의 출처가 모호하다.

그 친구는 모호하게 대답을 얼버무렸다.

모호하다 ⟷ 분명하다

• 분명하다   분 명 하 다

뜻 태도나 목표 따위가 흐릿하지 않고 확실하다

태도나 목표 따위가 흐릿하지 않고 확실하다

동생이 내 방에 들어온 것이 분명하다.

그는 매사에 맺고 끊는 것이 분명하다.

비슷한말

- 묵묵히

뜻 말없이 잠잠하게

말없이 잠잠하게

선생님은 그저 묵묵히 학생들을 가르쳤다.

선생님은 그저 묵묵히 학생들을 가르쳤다.

그는 말없이 나를 바라보았다.

그는 말없이 나를 바라보았다.

너는 끼어들지 말고 잠자코 있어.

너는 끼어들지 말고 잠자코 있어.

- 말없이
- 잠자코
- 잠잠히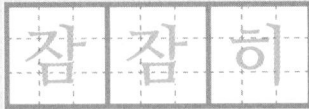

반대말

• 몰라주다 　몰라주다

뜻 알아주지 아니하다

알아주지 아니하다

나의 속을 너무 몰라준다.

자신의 능력을 몰라주는 친구가 싫었다.

몰라주다 ⇔ 알아주다

• 알아주다 　알아주다

뜻 남의 장점을 인정하거나 좋게 평가하여 주다

남의 장점을 인정하거나 좋게 평가하여 주다

친구의 형편을 알아주다.

그는 학교에서 알아주는 운동선수다.

복습하기

A. 알맞은 뜻을 찾아 선으로 연결해 보아요.

ㄱ. 고려하다 •　　　　　• a. 드디어 마지막에는

ㄴ. 고단하다 •　　　　　• b. 특별하게 다르다

ㄷ. 능숙하다 •　　　　　• c. 말없이 잠잠하게

ㄹ. 독특하다 •　　　　　• d. 일이 몹시 피곤할 정도로 힘들다

ㅁ. 묵묵히 •　　　　　• e. 능하고 익숙하다

ㅂ. 마침내 •　　　　　• f. 생각하고 헤아려 보다

B. 보기에서 비슷한말을 찾아 괄호 안에 번호를 모두(3개) 넣으세요.

보기

① 생각하다　② 기어코　③ 유별나다　④ 잠잠히　⑤ 잠자코
⑥ 능통하다　⑦ 헤아리다　⑧ 비로소　⑨ 힘들다　⑩ 드디어
⑪ 색다르다　⑫ 말없이　⑬ 특이하다　⑭ 피곤하다　⑮ 능란하다
⑯ 따지다　⑰ 익숙하다　⑱ 고달프다

ㄱ. 고려하다 (　　　)　　ㄴ. 고단하다 (　　　)

ㄷ. 능숙하다 (　　　)　　ㄹ. 독특하다 (　　　)

ㅁ. 묵묵히　(　　　)　　ㅂ. 마침내　(　　　)

C. 알맞은 뜻을 찾아 선으로 연결해 보아요.

ㄱ. 겸손하다 •　　　　　• a. 전에 본 기억이 없어 익숙하지 아니하다

ㄴ. 낙관하다 •　　　　　• b. 어떤 일을 해결하는 능력이 없다

ㄷ. 낯설다 •　　　　　• c. 남을 존중하고 자기를 내세우지 않는 태도가 있다

ㄹ. 둔감하다 •　　　　　• d. 말이나 태도가 흐리터분하여 분명하지 않다

ㅁ. 무능하다 •　　　　　• e. 감정이나 감각이 무디다

ㅂ. 모호하다 •　　　　　• f. 앞으로의 일 따위가 잘되어 갈 것으로 여기다

D. 보기에서 반대말을 찾아 괄호 안에 번호를 넣으세요.

보기

① 겸손하다　② 낙관하다　③ 낯설다　④ 둔감하다　⑤ 무능하다
⑥ 모호하다　⑦ 너그럽다　⑧ 간신　⑨ 거부하다　⑩ 드물다
⑪ 도외시하다　⑫ 몰라주다

ㄱ. 민감하다 ⇔ (　)　ㄴ. 분명하다 ⇔ (　)　ㄷ. 중요시하다 ⇔ (　)

ㄹ. 낯익다 ⇔ (　)　ㅁ. 옹졸하다 ⇔ (　)　ㅂ. 수락하다 ⇔ (　)

ㅅ. 비관하다 ⇔ (　)　ㅇ. 알아주다 ⇔ (　)　ㅈ. 유능하다 ⇔ (　)

ㅊ. 흔하다 ⇔ (　)　ㅋ. 충신 ⇔ (　)　ㅌ. 교만하다 ⇔ (　)

복습하기

E. 비슷한말을 연결해 보아요.

ㄱ. 간수하다 •　　　　　• a. 오히려

ㄴ. 낙심하다 •　　　　　• b. 탁월하다

ㄷ. 눈부시다 •　　　　　• c. 실망하다

ㄹ. 도리어 •　　　　　• d. 간직하다

ㅁ. 두렵다 •　　　　　• e. 무섭다

F. 보기에서 알맞은 낱말을 골라 괄호 안에 번호를 넣으세요.

보기

① 도외시해서는　② 드물다　③ 몰라주는　④ 간신
⑤ 너그럽다　⑥ 거부하다

ㄱ. 성품이 (　　).

ㄴ. 왕은 충신을 내치고 (　　)들을 가까이했다.

ㄷ. 법정에서 증언을 (　　).

ㄹ. 컴퓨터를 쓰지 않는 사람이 (　　).

ㅁ. 부모님의 말씀을 (　　) 안 된다.

ㅂ. 자신의 능력을 (　　) 친구가 싫었다.

2장

[ㅂ ㅅ ㅇ ㅈ]

예쁘게 써보자!

ㅂ [비읍] ①

비슷한말 읽으면서 바르게 따라 써 보아요.

- 별로   별로

뜻 이렇다 하게 따로. 또는 그다지 다르게

이렇다 하게 따로. 또는 그다지 다르게

할 말이 별로 없다.

할 말이 별로 없다.

그다지 문제가 되지 않는다.

그다지 문제가 되지 않는다.

이번 여름에도 별반 더운 줄 몰랐다.

이번 여름에도 별반 더운 줄 몰랐다.

- 그다지   그다지
- 별반   별반
- 별달리   별달리

반대말 읽으면서 바르게 따라 써 보아요.

- 불리하다 | 불 | 리 | 하 | 다 | | | | |

뜻 이롭지 아니하다

이롭지 아니하다

상황이 불리하다.

자기에게 불리한 이야기가 나오자 침묵했다.

불리하다 ↔ 유리하다

- 유리하다 | 유 | 리 | 하 | 다 | | | | |

뜻 이익이 있다

이익이 있다

모든 상황이 우리 쪽에 유리하다.

이곳은 지형적으로 방어에 유리하다.

ㅂ [비읍] ②

비슷한말

• 보류   보 류

> 뜻   어떤 일을 당장 처리하지 아니하고 나중으로 미루어 둠

어떤 일을 당장 처리하지 아니하고 나중으로 미루어 둠

이 계획은 일단 보류를 하기로 했다.

이 계획은 일단 보류를 하기로 했다.

비가 올 경우에는 경기를 연기한다.

비가 올 경우에는 경기를 연기한다.

이 문제는 당분간 유보될 수밖에 없다.

이 문제는 당분간 유보될 수밖에 없다.

• 연기   연 기

• 유보   유 보

• 유예   유 예

반대말

- 불허하다

뜻 ▶ 허락하지 아니하다. 또는 허용하지 아니하다

사용을 불허하다.

이 지역은 주차를 불허하고 있다.

불허하다 ⇔ 허락하다

- 허락하다

뜻 ▶ 청하는 일을 하도록 들어주다

기자들의 출입을 허락하다.

동생이 방에 들어오는 것을 허락했다.

ㅂ [비읍] ③

비슷한말

- 별안간

| 별 | 안 | 간 | | | |

뜻 갑작스럽고 아주 짧은 동안

갑작스럽고 아주 짧은 동안

하늘에서 별안간 소나기가 쏟아졌다.

하늘에서 별안간 소나기가 쏟아졌다.

그가 사고를 당한 것은 순식간이었다.

그가 사고를 당한 것은 순식간이었다.

졸지에 당한 일이라 정신이 없다.

졸지에 당한 일이라 정신이 없다.

- 순식간
- 졸지
- 졸창간

- 부인하다　부인하다

뜻　어떤 내용이나 사실을 옳거나 그러하다고 인정하지 아니하다

손을 저으며 부인하다.

범인이 범행 사실을 완강히 부인하다.

부인하다 ↔ 시인하다

- 시인하다　시인하다

뜻　어떤 내용이나 사실이 옳거나 그러하다고 인정하다

문제점을 시인하다.

패배를 시인하다.

ㅅ [시옷] ①

비슷한말

• 서럽다

뜻 원통하고 슬프다

아픈 것만큼 서러운 것이 없다.

지난날을 생각하며 비감에 젖었다.

친구가 가엾고 서글픈 생각이 들었다.

• 비감하다

• 서글프다

• 비통하다

반대말

• 상반되다 　|상|반|되|다|　|　|　|　|

뜻 서로 반대되거나 어긋나게 되다

그들은 서로의 입장이 상반되었다.

두 사람은 상반된 성격을 가졌다.

상반되다 ⟷ 일치되다

• 일치되다 　|일|치|되|다|　|　|　|　|

뜻 비교되는 대상들이 서로 어긋나지 아니하고 같거나 들어맞게 되다

두 사람의 의견이 하나로 일치되었다.

언행은 반드시 일치해야 한다.

ㅅ [시옷] ②

비슷한말

• 서운하다 　서 운 하 다

뜻 마음에 모자라 아쉽거나 섭섭한 느낌이 있다

마음에 모자라 아쉽거나 섭섭한 느낌이 있다

우리는 그대로 헤어지기가 서운했다.

우리는 그대로 헤어지기가 서운했다.

나는 요새 용돈이 아쉽다.

나는 요새 용돈이 아쉽다.

게임에 져서 못내 애석한 표정이었다.

게임에 져서 못내 애석한 표정이었다.

• 아쉽다 　아 쉽 다

• 아깝다 　아 깝 다

• 애석하다 　애 석 하 다

반대말

• 순행하다　| 순 | 행 | 하 | 다 |　| | | | |

뜻 ▶ 차례대로 나아가다. 거스르지 아니하고 행하다

차례대로 나아가다. 거스르지 아니하고 행하다

대통령께서 외국을 순행하셨다.

임금은 국경을 순행하다가 마을에 이르렀다.

순행하다 ⇔ 역행하다

• 역행하다　| 역 | 행 | 하 | 다 |　| | | | |

뜻 ▶ 보통의 방향과 반대 방향으로 거슬러 나아가다

보통의 방향과 반대 방향으로 거슬러 나아가다

시대의 흐름을 역행하다.

그들이 보여 준 행동은 민주화에 역행하고 있는 일이다.

ㅅ [시옷] ③

비슷한말

• 성내다

뜻 노여움을 나타내다

노여움을 나타내다

방귀 뀐 놈이 더 성낸다.

방귀 뀐 놈이 더 성낸다.

감정이 너무 격해서 말도 잘 안 나온다.

감정이 너무 격해서 말도 잘 안 나온다.

할아버지께서 크게 노하셨다.

할아버지께서 크게 노하셨다.

• 격하다

• 노하다

• 분노하다

반대말

- **수신**

> **뜻** 우편이나 전보 따위의 통신을 받음. 또는 그런 일

우편이나 전보 따위의 통신을 받음. 또는 그런 일

이 전화가 수신에는 문제가 없다.

악성 메일을 받아 수신 거부를 했다.

수신 ⇔ 발신

- **발신**

> **뜻** 소식이나 우편 또는 전신을 보냄. 또는 그런 것

소식이나 우편 또는 전신을 보냄. 또는 그런 것

인공위성에서 전파를 발신하다.

우체국에서 발신된 것으로 되어 있는 편지가 왔다.

ㅇ [이응]

비슷한말

• 연약하다　　연 | 약 | 하 | 다

> **뜻** 무르고 약하다

무르고 약하다

친구는 마음이 너무나 연약하다.

친구는 마음이 너무나 연약하다.

그는 외모와는 달리 마음이 여리다.

그는 외모와는 달리 마음이 여리다.

성품이 나약하다.

성품이 나약하다.

• 여리다　　여 | 리 | 다

• 나약하다　　나 | 약 | 하 | 다

• 가냘프다　　가 | 냘 | 프 | 다

- 이롭다

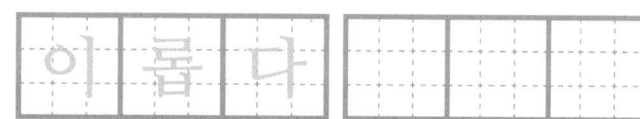

> **뜻** 이익이 있다

이익이 있다

담배는 몸에 이로울 것이 없다.

소는 사람에게 여러 가지로 이로운 동물이다.

이롭다 ↔ 해롭다

- 해롭다

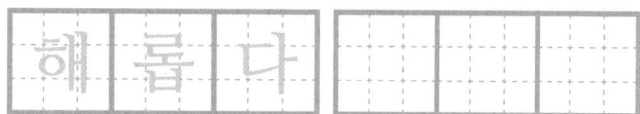

> **뜻** 해가 되는 점이 있다

해가 되는 점이 있다

이 약은 건강에 해롭다.

성을 자주 내면 건강에 해롭다.

ㅇ [이응]

비슷한말

• 의존하다　의 존 하 다

> **뜻** 다른 것에 의지하여 존재하다

다른 것에 의지하여 존재하다

생활용수의 대부분을 지하수에 의존하다.

생활용수의 대부분을 지하수에 의존하다.

의자에 편안히 기대다.

의자에 편안히 기대다.

그는 종교에 의지하며 살았다.

그는 종교에 의지하며 살았다.

• 기대다　기 대 다

• 의지하다　의 지 하 다

• 매달리다　매 달 리 다

반대말

• 우량

뜻 물건의 품질이나 상태가 좋음

그 기업은 가장 우량한 기업으로 평가된다.

김 박사는 우량종자를 개발했다.

우량 ⟷ 불량

• 불량

뜻 물건 따위의 품질이나 상태가 나쁨

이 물건들은 불량이 많다.

불량 식품은 몸에 해롭다.

ㅇ [이응] ③

비슷한말

- 의젓하다

> 뜻: 말이나 행동 따위가 점잖고 무게가 있다

행동이 의젓하지 못하다.

나이가 듬직한 청년 몇 명이 있다.

군인들의 행군하는 모습이 늠름하다.

- 듬직하다
- 늠름하다
- 엄연하다

반대말

• 열세

뜻: 상대편보다 힘이나 세력이 약함. 또는 그 힘이나 세력

상대편보다 힘이나 세력이 약함. 또는 그 힘이나 세력

숫자적인 열세로 싸움에서 지다.

아군이 적군보다 수적으로 열세했다.

열세 ⟷ 우세

• 우세

뜻: 상대편보다 힘이나 세력이 강함. 또는 그 힘이나 세력

상대편보다 힘이나 세력이 강함. 또는 그 힘이나 세력

청군의 우세가 확실합니다.

아군이 적군보다 전력이 우세하다.

ㅈ [지읒] ①

비슷한말

• 집중하다 　집 중 하 다

> **뜻** 한곳을 중심으로 하여 모이다. 한 가지 일에 모든 힘을 쏟아붓다

한곳을 중심으로 하여 모이다. 한 가지 일에 모든
힘을 쏟아붓다

수업에 정신을 집중하다.

수업에 정신을 집중하다.

독서에 열중하다.

독서에 열중하다.

자식에게 헌신적으로 사랑을 쏟다.

자식에게 헌신적으로 사랑을 쏟다.

• 열중하다　열 중 하 다

• 쏟다　쏟 다

• 모으다　모 으 다

반대말

• 진보

| 진 | 보 | | | | | | | | |

뜻 정도나 수준이 나아지거나 높아짐

정도나 수준이 나아지거나 높아짐

기술적 진보와 혁신이 일어나고 있다.

몇십 년 사이에 사회가 한층 진보되었다.

진보 ⟷ 퇴보

• 퇴보

| 퇴 | 보 | | | | | | | | |

뜻 정도나 수준이 이제까지의 상태보다 뒤떨어지거나 못하게 됨

정도나 수준이 이제까지의 상태보다 뒤떨어지거나 못하게 됨

전쟁으로 경제가 십 년은 퇴보하였다.

교육 현실은 발전보다 퇴보라고 볼 수 있다.

ㅈ [지읒] ②

비슷한말

• 짐작하다

뜻 사정이나 형편 따위를 어림잡아 헤아리다

눈대중으로 짐작하다.

그는 나이를 가늠하기가 어렵다.

말뜻을 헤아리다.

• 가늠하다

• 헤아리다

• 넘겨다보다

반대말

• 집합

뜻 사람들이 한곳으로 모임

사람들이 한곳으로 모임

전원 운동장에 집합하라고 하였다.

기차역에 내일 아침 모두 집합해야 한다.

집합 ↔ 해산

• 해산

뜻 모였던 사람이 흩어짐. 또는 흩어지게 함

모였던 사람이 흩어짐. 또는 흩어지게 함

농성 중인 노동자들이 해산하다.

회의가 끝나자 회원들이 해산을 하였다.

ㅈ [지읓] ③

비슷한말

- 점검하다

> **뜻** 낱낱이 검사하다

학교 내의 체육 시설을 점검하다.

제품의 품질을 검사하다.

시험 답안지를 검토하다.

- 검사하다
- 검토하다
- 검열하다

반대말

• 존대

|존|대| | | | | | | |

뜻 ▶ 존경하여 받들어 대접하거나 대함

존경하여 받들어 대접하거나 대함

그는 여러 사람에게서 존대를 받고 있다.

할아버지를 어머니는 늘 깍듯이 존대하셨다.

존대 ⟷ 하대

• 하대

|하|대| | | | | | | |

뜻 ▶ 상대편을 낮게 대우함

상대편을 낮게 대우함

모르는 사람에게도 하대하면 안 된다.

양반들은 머슴이 나이가 많아도 하대를 하였다.

복습하기

A. 알맞은 뜻을 찾아 선으로 연결해 보아요.

ㄱ. 보류 • • a. 원통하고 슬프다

ㄴ. 별안간 • • b. 마음에 모자라 아쉽거나 섭섭한 느낌이 있다

ㄷ. 서럽다 • • c. 다른 것에 의지하여 존재하다

ㄹ. 서운하다 • • d. 갑작스럽고 아주 짧은 동안

ㅁ. 의존하다 • • e. 사정이나 형편 따위를 어림잡아 헤아리다

ㅂ. 짐작하다 • • f. 어떤 일을 당장 처리하지 아니하고 나중으로 미루어 둠

B. 보기에서 비슷한말을 찾아 괄호 안에 번호를 모두(3개) 넣으세요.

보기

① 격하다   ② 분노하다   ③ 별달리   ④ 여리다   ⑤ 열중하다
⑥ 듬직하다   ⑦ 검사하다   ⑧ 쏟다   ⑨ 나약하다   ⑩ 모으다
⑪ 별반   ⑫ 검토하다   ⑬ 늠름하다   ⑭ 검열하다   ⑮ 엄연하다
⑯ 가냘프다   ⑰ 그다지   ⑱ 노하다

ㄱ. 별로   (   )   ㄴ. 성내다   (   )

ㄷ. 연약하다 (   )   ㄹ. 의젓하다 (   )

ㅁ. 집중하다 (   )   ㅂ. 점검하다 (   )

C. 알맞은 뜻을 찾아 선으로 연결해 보아요.

ㄱ. 불리하다 •　　　　　• a. 서로 반대되거나 어긋나게 되다

ㄴ. 불허하다 •　　　　　• b. 차례대로 나아가다. 거스르지 아니하고 행하다

ㄷ. 상반되다 •　　　　　• c. 이익이 있다

ㄹ. 순행하다 •　　　　　• d. 이롭지 아니하다

ㅁ. 이롭다 •　　　　　• e. 정도나 수준이 나아지거나 높아짐

ㅂ. 진보 •　　　　　• f. 허락하지 아니하다. 또는 허용하지 아니하다

D. 보기에서 반대말을 찾아 괄호 안에 번호를 넣으세요.

보기

① 부인하다　② 수신　③ 우량　④ 열세　⑤ 집합
⑥ 존대　⑦ 불리하다　⑧ 상반되다　⑨ 순행하다　⑩ 이롭다
⑪ 진보　⑫ 불허하다

ㄱ. 일치하다 ⇔ (　) ㄴ. 역행하다 ⇔ (　) ㄷ. 해산　⇔ (　)
ㄹ. 발신　⇔ (　) ㅁ. 유리하다 ⇔ (　) ㅂ. 허락하다 ⇔ (　)
ㅅ. 해롭다 ⇔ (　) ㅇ. 퇴보　⇔ (　) ㅈ. 시인하다 ⇔ (　)
ㅊ. 우세　⇔ (　) ㅋ. 하대　⇔ (　) ㅌ. 불량　⇔ (　)

복습하기

E. 비슷한말을 연결해 보아요.

ㄱ. 별로 • • a. 노하다

ㄴ. 성내다 • • b. 여리다

ㄷ. 연약하다 • • c. 듬직하다

ㄹ. 의젓하다 • • d. 그다지

ㅁ. 집중하다 • • e. 열중하다

F. 보기에서 알맞은 낱말을 골라 괄호 안에 번호를 넣으세요.

보기
① 우량 ② 집합 ③ 열세 ④ 존대
⑤ 부인하다 ⑥ 수신

ㄱ. 범인이 범행 사실을 완강히 (　　).

ㄴ. 이 전화가 (　　)에는 문제가 없다.

ㄷ. 김 박사는 (　　)종자를 개발했다.

ㄹ. 숫자적인 (　　)로 싸움에서 지다.

ㅁ. 기차역에 내일 아침 모두 (　　)해야 한다.

ㅂ. 할아버지를 어머니는 늘 깍듯이 (　　)하셨다.

3장

[ㅊ ㅋ ㅌ ㅍ ㅎ]

예쁘게 써보자!

ㅊ [치읓] ①

비슷한말 읽으면서 바르게 따라 써 보아요.

• 참여하다   참 여 하 다

> 뜻 어떤 일에 끼어들어 관계하다

어떤 일에 끼어들어 관계하다

학생들이 근로 봉사에 참여했다.

학생들이 근로 봉사에 참여했다.

남의 일에 함부로 관여하지 마라.

남의 일에 함부로 관여하지 마라.

올림픽에 참가하다.

올림픽에 참가하다.

• 관여하다   관 여 하 다

• 참가하다   참 가 하 다

• 관계하다   관 계 하 다

반대말

• 차별

| 차 | 별 | | | | | | |

뜻 둘 이상의 대상을 등급, 수준 따위의 차이를 두어서 구별함

둘 이상의 대상을 등급, 수준 따위의 차이를 두어서 구별함

인종 차별의 벽을 깨다.

우리 학교는 남녀 차별이 없다.

차별 ↔ 평등

• 평등

| 평 | 등 | | | | | | |

뜻 권리, 의무, 자격 등이 차별 없이 고르고 한결같음

권리, 의무, 자격 등이 차별 없이 고르고 한결같음

평등이 보장되는 사회를 만들자.

모든 국민은 법 앞에 평등하다.

ㅊ [치읓] ②

비슷한말

• 친히

뜻 직접 제 몸으로

임금께서 친히 신하들을 위로하셨다.

이 채소들은 부모님께서 손수 가꾸신 것이다.

왕은 몸소 세자에게 공부를 가르쳤다.

• 손수

• 몸소

• 직접

반대말

• 축소

뜻 ▶ 모양이나 규모 따위를 줄여서 작게 함

모양이나 규모 따위를 줄여서 작게 함

실물을 축소하여 그렸다.

사업의 규모를 축소하다.

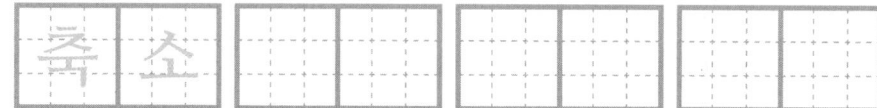

축소 ⟷ 확대

• 확대

뜻 ▶ 모양이나 규모 따위를 더 크게 함

모양이나 규모 따위를 더 크게 함

현미경으로 미세한 물체를 확대하였다.

신입생을 대폭 확대하여 모집하기로 했다.

ㅊ [치읓] ③

비슷한말

- 처량하다　처 량 하 다

> **뜻** 마음이 구슬퍼질 정도로 외롭거나 쓸쓸하다.

마음이 구슬퍼질 정도로 외롭거나 쓸쓸하다.

가을밤의 풀벌레 소리가 매우 처량했다.

가을밤의 풀벌레 소리가 매우 처량했다.

마음이 울적하다.

마음이 울적하다.

강아지가 비에 젖은 모양이 애처롭다.

강아지가 비에 젖은 모양이 애처롭다.

- 울적하다　울 적 하 다
- 애처롭다　애 처 롭 다
- 가엾다　가 엾 다

반대말

• 취업

뜻 일정한 직업을 잡아 직장에 나감

일정한 직업을 잡아 직장에 나감

면접시험에만 합격하면 취업이 된다.

집안이 어려워 취업 전선에 뛰어들었다.

취업 ↔ 실업

• 실업

뜻 일자리를 잃거나 일할 기회를 얻지 못하는 상태

일자리를 잃거나 일할 기회를 얻지 못하는 상태

경제 불황이 실업을 유발할 수 있다.

실업 문제는 우리 사회의 가장 큰 문제가 되었다.

ㅋ [키읔] ①

비슷한말

- 컴컴하다 | 컴 | 컴 | 하 | 다 |

뜻 아주 어둡다

아주 어둡다

골목길이 컴컴하다.

골목길이 컴컴하다.

금방 비가 올 것처럼 하늘이 어둡다.

금방 비가 올 것처럼 하늘이 어둡다.

방 안이 어두워 침침하다.

방 안이 어두워 침침하다.

- 어둡다 | 어 | 둡 | 다 |
- 침침하다 | 침 | 침 | 하 | 다 |
- 깜깜하다 | 깜 | 깜 | 하 | 다 |

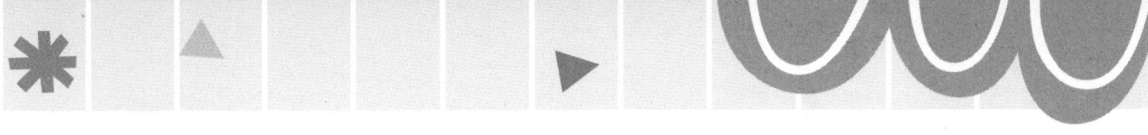

반대말

• 커다랗다

| 커 | 다 | 랗 | 다 | | | | |

뜻 매우 크다. 또는 아주 큼직하다

매우 크다. 또는 아주 큼직하다

친구는 유난히 목소리가 커다랗다.

계획에 커다란 차질이 생겼다.

커다랗다 ↔ 조그맣다

• 조그맣다

| 조 | 그 | 맣 | 다 | | | | |

뜻 길이, 넓이, 부피 따위가 꽤 작다

길이, 넓이, 부피 따위가 꽤 작다

아기의 양말이 참 조그맣다.

몸을 더욱 조그맣게 웅크렸다.

ㅋ [키읔] ②

비슷한말

- 코앞

| 코 | 앞 |

뜻 아주 가까운 곳. 곧 닥칠 미래를 비유적으로 이르는 말

아주 가까운 곳. 곧 닥칠 미래를 이르는 말

입학시험이 바로 코앞에 닥쳤다.

입학시험이 바로 코앞에 닥쳤다.

바로 눈앞에 두고도 못 찾는다.

바로 눈앞에 두고도 못 찾는다.

결전의 날이 목전에 다가왔다.

결전의 날이 목전에 다가왔다.

- 눈앞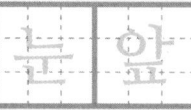
- 목전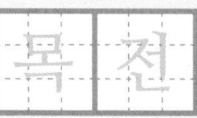
- 지척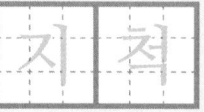

반대말

• 켜다

|켜|다| | | | | | | | |

뜻 불을 붙이거나 일으키다. 전기 제품 따위를 작동하게 만들다

불을 붙이거나 일으키다. 전기 제품 따위를 작동하게 만들다

촛불을 켜다.

천장에 매달린 전등을 켜다.

켜다 ⇔ 끄다

• 끄다

|끄|다| | | | | | | | |

뜻 타는 불을 못 타게 하다. 제품 따위를 작동하지 않게 하다

타는 불을 못 타게 하다. 제품 따위를 작동하지 않게 하다

촛불을 훅 불어 끄다.

리모컨으로 텔레비전을 끄다.

ㅋ [키읔] ③

비슷한말

- 큰딸   큰딸

> **뜻** 둘 이상의 딸 가운데 맏이가 되는 딸을 이르는 말

둘 이상의 딸 가운데 맏이가 되는 딸을 이르는 말

작은딸이 큰딸보다 공부를 더 잘한다.

작은딸이 큰딸보다 공부를 더 잘한다.

그 애가 그 집안 맏딸이다.

그 애가 그 집안 맏딸이다.

그 친구는 장녀여서 그런지 어른스럽다.

그 친구는 장녀여서 그런지 어른스럽다.

- 맏딸   맏딸

- 장녀   장녀

반대말

- 쾌적하다　|쾌|적|하|다|　|　|　|　|　|　|

뜻▶ 기분이 상쾌하고 즐겁다

기분이 상쾌하고 즐겁다

이 지역은 기후가 쾌적하다.

나는 정결하고 쾌적한 환경이 좋다.

쾌적하다 ⟷ 불쾌하다

- 불쾌하다　|불|쾌|하|다|　|　|　|　|　|　|

뜻▶ 못마땅하여 기분이 좋지 아니하다

못마땅하여 기분이 좋지 아니하다

불쾌한 냄새가 나다.

불쾌한 표정을 짓다.

ㅌ [티읕]

비슷한말

• **틀림없이** 틀림없이

> 뜻: 조금도 어긋나는 일이 없이

조금도 어긋나는 일이 없이

이번엔 우리 팀이 틀림없이 이길 것이다.

이번엔 우리 팀이 틀림없이 이길 것이다.

저기 있는 사람은 분명히 언니이다.

저기 있는 사람은 분명히 언니이다.

자기가 약속한 것은 어김없이 지킨다.

자기가 약속한 것은 어김없이 지킨다.

• 분명히 분명히

• 어김없이 어김없이

• 반드시 반드시

반대말

• 타인

뜻 다른 사람

다른 사람

타인에게 나쁜 인상을 심었다.

사랑한다는 것은 타인을 이해한다는 것이다.

타인 ⬌ 본인

• 본인

뜻 어떤 일에 직접 관계가 있거나 해당되는 사람

어떤 일에 직접 관계가 있거나 해당되는 사람

본인의 의사를 묻다.

본인이 싫다면 억지로 권할 수는 없다.

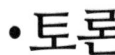 [티읕]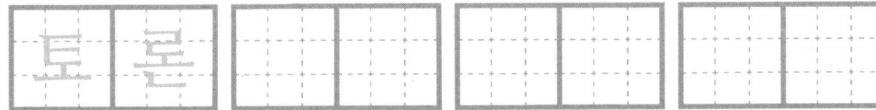

비슷한말

• 토론

> **뜻** 어떤 문제에 대하여 여러 사람이 각각 의견을 말하며 논의함

어떤 문제에 대하여 여러 사람이 각각 의견을 말하며 논의함

회의실에서는 열띤 토론이 벌어지고 있다.

회의실에서는 열띤 토론이 벌어지고 있다.

친구가 한마디 의논도 없이 제멋대로 결정했다.

친구가 한마디 의논도 없이 제멋대로 결정했다.

홍수에 대한 대비책을 논의했다.

홍수에 대한 대비책을 논의했다.

• 의논

• 논의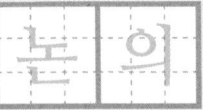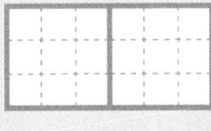

• 담론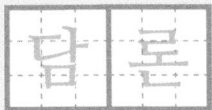

 반대말

• 탁하다

뜻 액체나 공기 따위에 다른 물질이 섞여 흐리다

폐수로 오염된 물이 탁하다.

먼지는 실내 공기를 탁하게 한다.

탁하다 ↔ 깨끗하다

• 깨끗하다

뜻 더럽지 않다. 빛깔 따위가 흐리지 않고 맑다

비가 오고 난 뒤라 공기가 깨끗하다.

그 거리는 늘 깨끗하다.

E [티읕] ③

비슷한말

• 통상적

| 통 | 상 | 적 | | | | |

뜻 특별하지 아니하고 예사로운 것

특별하지 아니하고 예사로운 것

통상적 상식에서 빗나갔다.

통상적 상식에서 빗나갔다.

그 마트의 물건은 일반적으로 비싸다.

그 마트의 물건은 일반적으로 비싸다.

이번 시험 문제는 상식적인 수준에서 출제되었다.

이번 시험 문제는 상식적인 수준에서 출제되었다.

• 일반적

• 상식적

• 일상적

반대말

• 퇴로

> **뜻** 뒤로 물러날 길

뒤로 물러날 길

적의 퇴로를 차단하다.

아군의 퇴로가 막히다.

 ⟷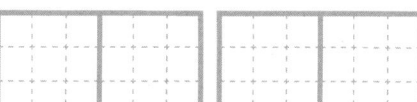

• 진로

> **뜻** 앞으로 나아갈 길

앞으로 나아갈 길

태풍의 진로가 바뀌었다.

적성을 고려해서 진로를 결정하다.

ㅍ [피읖]

비슷한말

- 品삯

뜻 품을 판 대가로 받거나, 산 대가로 주는 돈이나 물건

품을 판 대가로 받거나, 산 대가로 주는 돈이나
물건

주인집에서 일한 품삯으로 쌀 한 가마니를 주었다.

주인집에서 일한 품삯으로 쌀 한 가마니를 주었다.

노동의 대가로 돈을 받았다.

노동의 대가로 돈을 받았다.

일하는 양에 비하면 우리가 받는 공임은 적다.

일하는 양에 비하면 우리가 받는 공임은 적다.

- 대가
- 공임
- 품값

반대말

• 폭등

뜻 물건의 값이나 주가 따위가 갑자기 큰 폭으로 오름

물건의 값이나 주가 따위가 갑자기 큰 폭으로 오름

물가 폭등으로 살기가 매우 어려워졌다.

땅값이 세 배로 폭등하였다.

폭등 ⇔ 폭락

• 폭락

뜻 물건의 값이나 주가 따위가 갑자기 큰 폭으로 떨어짐

물건의 값이나 주가 따위가 갑자기 큰 폭으로 떨어짐

요새 소의 값이 폭락했다.

올해는 배추가 남아돌아 값이 폭락하였다.

ㅍ [피읖] ②

비슷한말

- 풍부하다　풍 부 하 다

뜻 넉넉하고 많다

넉넉하고 많다

달걀의 노른자는 영양이 풍부하다.

달걀의 노른자는 영양이 풍부하다.

먹을 것이 넉넉하다.

먹을 것이 넉넉하다.

할아버지께서 세뱃돈을 두둑하게 주셨다.

할아버지께서 세뱃돈을 두둑하게 주셨다.

- 넉넉하다　넉 넉 하 다
- 두둑하다　두 둑 하 다
- 족하다　족 하 다

반대말

• 풍작

> **뜻** 농작물의 수확이 평년작을 훨씬 웃도는 일

농작물의 수확이 평년작을 훨씬 웃도는 일

올해는 논농사와 밭농사가 모두 풍작이다.

풍작으로 채소의 값이 많이 내렸다.

풍작 ⇔ 흉작

• 흉작

> **뜻** 농작물의 수확이 평년작을 훨씬 밑도는 일

농작물의 수확이 평년작을 훨씬 밑도는 일

흉작으로 농작물 가격이 많이 올랐다.

기온이 작년보다 훨씬 낮아서 흉작이 우려된다.

ㅍ [피읖]

비슷한말

- 품격

뜻 사람 된 바탕과 타고난 성품.

사람 된 바탕과 타고난 성품.

저속한 말을 자주 사용하면 품격을 낮게 본다.

저속한 말을 자주 사용하면 품격을 낮게 본다.

서로의 인격을 존중하다.

서로의 인격을 존중하다.

그 사람은 품위를 잃지 않으려 노력했다.

그 사람은 품위를 잃지 않으려 노력했다.

- 인격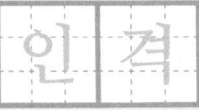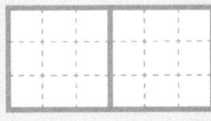

- 품위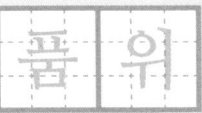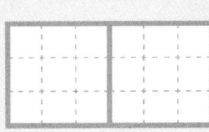

- 성품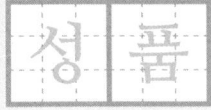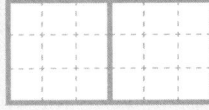

반대말

• 폭리

뜻 ▶ 지나치게 많이 남기는 부당한 이익

지나치게 많이 남기는 부당한 이익

폭리를 남기다.

건강식품을 과대 선전해 폭리를 취하였다.

폭리 ⟷ 박리

• 박리

뜻 ▶ 적은 이익

적은 이익

그 식당은 박리로 장사했다.

음식 가격이 싸서 우리 식당은 박리를 취하고 있다.

ㅎ [히읗] ①

비슷한말

• 확인하다 | 확 | 인 | 하 | 다 | | | | |

뜻 틀림없이 그러한가를 알아보거나 인정하다

틀림없이 그러한가를 알아보거나 인정하다

일정을 꼼꼼히 확인하다.

일정을 꼼꼼히 확인하다.

패배를 인정하다.

패배를 인정하다.

그 일이 사실로 판명되다.

그 일이 사실로 판명되다.

• 인정하다 | 인 | 정 | 하 | 다 | | | | |
• 판명하다 | 판 | 명 | 하 | 다 | | | | |
• 알아보다 | 알 | 아 | 보 | 다 | | | | |

반대말

• 호평

뜻 ▶ 좋게 평함. 또는 그런 평판이나 평가

좋게 평함. 또는 그런 평판이나 평가

친구들에게 호평을 받다.

우리 상품들이 외국에서 호평을 받고 있다.

호평 ⟷ 혹평

• 혹평

뜻 ▶ 가혹하게 비평함

가혹하게 비평함

미술 작품이 혹평을 받았다.

나의 새 소설이 문단의 혹평을 받았다.

ㅎ [히읗] ②

비슷한말

- 해당하다　해 당 하 다

뜻 어떤 범위나 조건 따위에 바로 들어맞다

어떤 범위나 조건 따위에 바로 들어맞다

다음 두 문장은 결론에 해당하는 글이다.

다음 두 문장은 결론에 해당하는 글이다.

예상이 그대로 들어맞다.

예상이 그대로 들어맞다.

두 아이의 키가 거의 맞먹는다.

두 아이의 키가 거의 맞먹는다.

- 들어맞다　들 어 맞 다
- 맞먹다　맞 먹 다
- 해당되다　해 당 되 다

92

반대말

• 환송

> **뜻** 떠나는 사람을 기쁜 마음으로 보냄

떠나는 사람을 기쁜 마음으로 보냄

나는 공항에서 떠나는 친구를 환송했다.

올림픽 대표단 환송을 위해 도로에 인파가 몰렸다.

환송 ↔ 환영

• 환영

> **뜻** 오는 사람을 기쁜 마음으로 반갑게 맞음

오는 사람을 기쁜 마음으로 반갑게 맞음

그는 가는 곳마다 환영을 받았다.

초등학교에 온 신입생 여러분을 환영합니다.

ㅎ [히읗] 3

비슷한말

- 흐뭇하다 | 흐 | 뭇 | 하 | 다 |

> **뜻** 마음에 흡족하여 매우 만족스럽다

마음에 흡족하여 매우 만족스럽다

할아버지는 손자를 흐뭇하게 바라보셨다.

할아버지는 손자를 흐뭇하게 바라보셨다.

편지를 받고서 나는 마음이 뿌듯하고 기뻤다.

편지를 받고서 나는 마음이 뿌듯하고 기뻤다.

나는 그 친구가 무척 반갑다.

나는 그 친구가 무척 반갑다.

- 뿌듯하다 | 뿌 | 듯 | 하 | 다 |
- 반갑다 | 반 | 갑 | 다 |
- 흥겹다 | 흥 | 겹 | 다 |

반대말

- 할증

뜻 일정한 값에 얼마를 더함

일정한 값에 얼마를 더함

택시 요금의 할증 시간이 되었다.

심야에 택시를 타면 요금이 할증됩니다.

 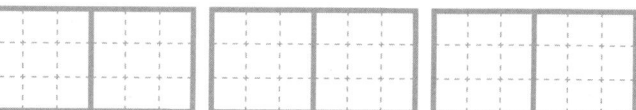

할증 ⇔ 할인

- 할인

뜻 일정한 값에서 얼마를 뺌

일정한 값에서 얼마를 뺌

대중교통을 이용할 때 할인 혜택을 받을 수 있다.

이 옷은 백화점에서 할인 판매할 때 샀다.

복습하기

A. 알맞은 뜻을 찾아 선으로 연결해 보아요.

ㄱ. 참여하다 •   • a. 아주 가까운 곳. 곧 닥칠 미래를 비유적으로 이르는 말

ㄴ. 친히 •   • b. 사람 된 바탕과 타고난 성품

ㄷ. 코앞 •   • c. 직접 제 몸으로

ㄹ. 통상적 •   • d. 어떤 일에 끼어들어 관계하다

ㅁ. 품격 •   • e. 마음에 흡족하여 매우 만족스럽다

ㅂ. 흐뭇하다 •   • f. 특별하지 아니하고 예사로운 것

B. 보기에서 비슷한말을 찾아 괄호 안에 번호를 모두(3개) 넣으세요.

> **보기**
>
> ① 어둡다   ② 울적하다   ③ 인정하다   ④ 분명히   ⑤ 의논
> ⑥ 논의   ⑦ 넉넉하다   ⑧ 침침하다   ⑨ 어김없이   ⑩ 판명하다
> ⑪ 깜깜하다   ⑫ 두둑하다   ⑬ 애처롭다   ⑭ 담론   ⑮ 족하다
> ⑯ 알아보다   ⑰ 가엾다   ⑱ 반드시

ㄱ. 처량하다 (　　　)　　ㄴ. 컴컴하다 (　　　)

ㄷ. 틀림없이 (　　　)　　ㄹ. 토론　 (　　　)

ㅁ. 풍부하다 (　　　)　　ㅂ. 확인하다 (　　　)

C. 알맞은 뜻을 찾아 선으로 연결해 보아요.

ㄱ. 축소 • • a. 액체나 공기 따위에 다른 물질이 섞여 흐리다

ㄴ. 취업 • • b. 모양이나 규모 따위를 줄여서 작게 함

ㄷ. 쾌적하다 • • c. 물건의 값이나 주가 따위가 갑자기 큰 폭으로 오름

ㄹ. 탁하다 • • d. 좋게 평함. 또는 그런 평판이나 평가

ㅁ. 폭등 • • e. 일정한 직업을 잡아 직장에 나감

ㅂ. 호평 • • f. 기분이 상쾌하고 즐겁다

D. 보기에서 반대말을 찾아 괄호 안에 번호를 넣으세요.

보기

① 축소 ② 취업 ③ 쾌적하다 ④ 탁하다 ⑤ 폭등
⑥ 호평 ⑦ 커다랗다 ⑧ 타인 ⑨ 환송 ⑩ 퇴로
⑪ 폭리 ⑫ 풍작

ㄱ. 불쾌하다 ⇔ (　) ㄴ. 흉작 ⇔ (　) ㄷ. 폭락 ⇔ (　)

ㄹ. 박리 ⇔ (　) ㅁ. 환영 ⇔ (　) ㅂ. 혹평 ⇔ (　)

ㅅ. 실업 ⇔ (　) ㅇ. 진로 ⇔ (　) ㅈ. 본인 ⇔ (　)

ㅊ. 깨끗하다 ⇔ (　) ㅋ. 조그맣다 ⇔ (　) ㅌ. 확대 ⇔ (　)

복습하기

E. 비슷한말을 연결해 보아요.

ㄱ. 처량하다 •   • a. 깜깜하다

ㄴ. 컴컴하다 •   • b. 맏딸

ㄷ. 코앞 •   • c. 애처롭다

ㄹ. 큰딸 •   • d. 대가

ㅁ. 품삯 •   • e. 목전

F. 보기에서 알맞은 낱말을 골라 괄호 안에 번호를 넣으세요.

> 보기
> ① 퇴로 ② 풍작 ③ 환송 ④ 코앞
> ⑤ 켜다 ⑥ 차별

ㄱ. 인종 (　　)의 벽을 깨다.

ㄴ. 입학시험이 바로 (　　)에 닥쳤다.

ㄷ. 천장에 매달린 전등을 (　　).

ㄹ. 적의 (　　)를 차단하다.

ㅁ. 올해는 논농사와 밭농사가 모두 (　　)이다.

ㅂ. 나는 공항에서 떠나는 친구를 (　　)했다.

4장
[그 밖의 비슷한말] · 반대말

예쁘게 써보자!

그 밖의 비슷한말 1

읽으면서 바르게 따라 써 보아요.

- 가냘프다

몸이나 팔다리 따위가 몹시 가늘고 연약하다

- 나약하다
- 앙상하다
- 연약하다

- 간편하다

간단하고 편리하다

- 편리하다
- 간소하다
- 간단하다

- 대번에

서슴지 않고 단숨에. 또는 그 자리에서 당장

- 금세
- 방금
- 금방

- 대다수

거의 모두 다. 대단히 많은 수

- 상당수
- 거의
- 대개

그 밖의 비슷한말 2

읽으면서 바르게 따라 써 보아요.

• 말끔히

티 없이 맑고 환할 정도로 깨끗하게

• 깔끔히

• 깨끗이

• 단정히

• 몸가짐

몸의 움직임. 또는 몸을 거두는 일

• 태도

• 품행

• 행동

• 부지런히

어떤 일을 미루지 않고 꾸준하게 하는 태도로

• 꾸준히

• 근면히

• 바지런히

• 삽시간

매우 짧은 시간

• 순식간

• 일순간

• 일각

그 밖의 비슷한말 3

- 아무쪼록

  될 수 있는 대로

  - 되는대로

  - 가급적

  - 모쪼록

- 주저하다

  머뭇거리며 망설이다

  - 망설이다

  - 머무적거리다

  - 우물쭈물하다

- 칭찬하다

  좋은 점이나 착하고 훌륭한 일을 높이 평가하다

  - 격찬하다

  - 치하하다

  - 극찬하다

- 타계하다

  사람이 죽다. 특히 귀인이 죽는 일을 이른다.

  - 서거하다

  - 별세하다

  - 운명하다

그 밖의 반대말 1

- 단역 ↔ 주역   **단역** 연극이나 영화 따위에서, 비중이 크지 아니한 역. 또는 그 역을 맡은 사람

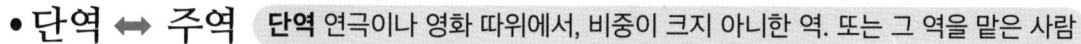

- 둔재 ↔ 천재   **둔재** 둔한 재주. 또는 재주가 둔한 사람

- 미혼자 ↔ 기혼자   **미혼자** 아직 결혼하지 않은 사람

- 선배 ↔ 후배   **선배** 같은 분야에서, 지위나 나이 등 자기보다 많거나 앞선 사람.

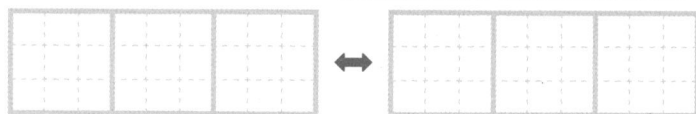

- 은인 ↔ 원수   **은인** 자신에게 은혜를 베푼 사람

- 장모 ↔ 장인   **장모** 아내의 어머니를 이르는 말

- 역적 ↔ 충신   **역적** 자기 나라나 민족, 통치자를 반역한 사람.

그 밖의 반대말 2

- 과식 ↔ 소식 **과식** 지나치게 많이 먹음.

- 낙관 ↔ 절망 **낙관** 인생이나 사물을 밝고 희망적인 것으로 봄

- 더하다 ↔ 덜하다 **더하다** 더 보태어 늘리거나 많게 하다

- 불쾌 ↔ 유쾌 **불쾌** 못마땅하여 기분이 좋지 아니함

- 악화 ↔ 호전 **악화** 일의 형세가 나쁜 쪽으로 바뀜

- 열등 ↔ 우월 **열등** 보통의 수준이나 등급보다 낮음. 또는 그런 등급

- 퇴임 ↔ 취임 **퇴임** 비교적 높은 직책이나 임무에서 물러남.

그 밖의 반대말 3

- 가결 ↔ 부결 **가결** 회의에서, 제출된 의안을 합당하다고 결정함

- 가뭄 ↔ 장마 **가뭄** 오랫동안 계속하여 비가 내리지 않아 메마른 날씨

- 근거리 ↔ 원거리 **근거리** 어느 한 곳에서 다른 곳까지의 짧은 거리

- 감원 ↔ 증원 **감원** 사람 수를 줄임. 또는 그 사람 수

- 개교 ↔ 폐교 **개교** 학교를 새로 세워 처음으로 운영을 시작함

- 낭보 ↔ 비보 **낭보** 기쁜 기별이나 소식

- 배웅 ↔ 마중 **배웅** 떠나가는 손님을 일정한 곳까지 따라 나가서 작별하여 보내는 일

복습하기

A. 알맞은 뜻을 찾아 선으로 연결해 보아요.

ㄱ. 가날프다 • • a. 서슴지 않고 단숨에. 또는 그 자리에서 당장

ㄴ. 간편하다 • • b. 거의 모두 다. 대단히 많은 수

ㄷ. 대번에 • • c. 몸이나 팔다리 따위가 몹시 가늘고 연약하다

ㄹ. 대다수 • • d. 몸의 움직임. 또는 몸을 거두는 일

ㅁ. 말끔히 • • e. 간단하고 편리하다

ㅂ. 몸가짐 • • f. 티 없이 맑고 환할 정도로 깨끗하게

B. 보기에서 비슷한말을 찾아 괄호 안에 번호를 모두(3개) 넣으세요.

보기

① 편리하다 ② 금세 ③ 깔끔히 ④ 방금 ⑤ 상당수
⑥ 간소하다 ⑦ 나약하다 ⑧ 깨끗이 ⑨ 태도 ⑩ 단정히
⑪ 거의 ⑫ 앙상하다 ⑬ 품행 ⑭ 간단하다 ⑮ 대개
⑯ 금방 ⑰ 행동 ⑱ 연약하다

ㄱ. 가날프다 ( )   ㄴ. 간편하다 ( )

ㄷ. 대번에 ( )   ㄹ. 대다수 ( )

ㅁ. 말끔히 ( )   ㅂ. 몸가짐 ( )

C. 알맞은 뜻을 찾아 선으로 연결해 보아요.

ㄱ. 단역 •   • a. 아직 결혼하지 않은 사람

ㄴ. 둔재 •   • b. 연극이나 영화 따위에서, 비중이 크지 아니한 역. 또는 그 역을 맡은 사람

ㄷ. 미혼자 •   • c. 같은 분야에서, 지위나 나이 등 자기보다 많거나 앞선 사람

ㄹ. 선배 •   • d. 자신에게 은혜를 베푼 사람

ㅁ. 은인 •   • e. 자기 나라나 민족, 통치자를 반역한 사람

ㅂ. 역적 •   • f. 둔한 재주. 또는 재주가 둔한 사람

D. 보기에서 반대말을 찾아 괄호 안에 번호를 넣으세요.

보기

① 과식 ② 낙관 ③ 더하다 ④ 악화 ⑤ 열등 ⑥ 퇴임
⑦ 가결 ⑧ 가뭄 ⑨ 감원 ⑩ 근거리 ⑪ 개교 ⑫ 불쾌

ㄱ. 부결 ⇔ (　)　ㄴ. 덜하다 ⇔ (　)　ㄷ. 취임 ⇔ (　)
ㄹ. 절망 ⇔ (　)　ㅁ. 호전 ⇔ (　)　ㅂ. 증원 ⇔ (　)
ㅅ. 유쾌 ⇔ (　)　ㅇ. 원거리 ⇔ (　)　ㅈ. 소식 ⇔ (　)
ㅊ. 폐교 ⇔ (　)　ㅋ. 장마 ⇔ (　)　ㅌ. 우월 ⇔ (　)

복습하기

E. 비슷한말을 연결해 보아요.

ㄱ. 부지런히 •   • a. 순식간

ㄴ. 삽시간 •   • b. 가급적

ㄷ. 아무쪼록 •   • c. 극찬하다

ㄹ. 주저하다 •   • d. 꾸준히

ㅁ. 칭찬하다 •   • e. 망설이다

F. 보기에서 알맞은 낱말을 골라 괄호 안에 번호를 넣으세요.

> 보기
> ① 후배   ② 충신   ③ 절망   ④ 호전
> ⑤ 비보   ⑥ 마중

ㄱ. (   )의 구렁텅이에서 빠져나오다.

ㄴ. 적이 침입했다는 (   )가 날아왔다

ㄷ. 선배, (   )가 한자리에 모인 동문회

ㄹ. 병이 차츰 (   )되고 있다.

ㅁ. 친구를 (   )하러 공항에 갔다

ㅂ. (   )이 역적으로 몰리다.

정답

p34~36

A ㄱ → f
   ㄴ → d
   ㄷ → e
   ㄹ → b
   ㅁ → c
   ㅂ → a

B ㄱ → ①, ⑦, ⑯
   ㄴ → ⑨, ⑭, ⑱
   ㄷ → ⑥, ⑮, ⑰
   ㄹ → ③, ⑪, ⑬
   ㅁ → ④, ⑤, ⑫
   ㅂ → ②, ⑧, ⑩

C ㄱ → c
   ㄴ → f
   ㄷ → a
   ㄹ → e
   ㅁ → b
   ㅂ → d

D ㄱ → ④
   ㄴ → ⑥
   ㄷ → ⑪
   ㄹ → ③
   ㅁ → ⑦
   ㅂ → ⑨
   ㅅ → ②
   ㅇ → ⑫
   ㅈ → ⑤
   ㅊ → ⑩
   ㅋ → ⑧
   ㅌ → ①

E ㄱ → d
   ㄴ → c
   ㄷ → b
   ㄹ → a
   ㅁ → e

F ㄱ → ⑤
   ㄴ → ④
   ㄷ → ⑥
   ㄹ → ②
   ㅁ → ①
   ㅂ → ③

p62~64

A ㄱ → f
   ㄴ → d
   ㄷ → a
   ㄹ → b
   ㅁ → c
   ㅂ → e

B ㄱ → ③, ⑪, ⑰
   ㄴ → ①, ②, ⑱
   ㄷ → ④, ⑨, ⑯
   ㄹ → ⑥, ⑬, ⑮
   ㅁ → ⑤, ⑧, ⑩
   ㅂ → ⑦, ⑫, ⑭

C ㄱ → d
   ㄴ → f
   ㄷ → a
   ㄹ → b
   ㅁ → c
   ㅂ → e

D ㄱ → ⑧
   ㄴ → ⑨
   ㄷ → ⑤
   ㄹ → ②
   ㅁ → ⑦
   ㅂ → ⑫
   ㅅ → ⑩
   ㅇ → ⑪
   ㅈ → ①
   ㅊ → ④
   ㅋ → ⑥
   ㅌ → ③

E ㄱ → d
   ㄴ → a
   ㄷ → b
   ㄹ → c
   ㅁ → e

F ㄱ → ⑤
   ㄴ → ⑥
   ㄷ → ①
   ㄹ → ③
   ㅁ → ②
   ㅂ → ④

p96~98

A ㄱ → d
   ㄴ → c
   ㄷ → a
   ㄹ → f
   ㅁ → b
   ㅂ → e

B ㄱ → ②, ⑬, ⑰
   ㄴ → ①, ⑧, ⑪
   ㄷ → ④, ⑨, ⑱
   ㄹ → ⑤, ⑥, ⑭
   ㅁ → ⑦, ⑫, ⑮
   ㅂ → ③, ⑩, ⑯

C ㄱ → b
   ㄴ → e
   ㄷ → f
   ㄹ → a
   ㅁ → c
   ㅂ → d

D ㄱ → ③   ㅁ → ⑨   ㅈ → ⑧
   ㄴ → ⑫   ㅂ → ⑥   ㅊ → ④
   ㄷ → ⑤   ㅅ → ②   ㅋ → ⑦
   ㄹ → ⑪   ㅇ → ⑩   ㅌ → ①

E ㄱ → c
   ㄴ → a
   ㄷ → e
   ㄹ → b
   ㅁ → d

F ㄱ → ⑥
   ㄴ → ④
   ㄷ → ⑤
   ㄹ → ①
   ㅁ → ②
   ㅂ → ③

p106~108

A ㄱ → c
   ㄴ → e
   ㄷ → a
   ㄹ → b
   ㅁ → f
   ㅂ → d

B ㄱ → ⑦, ⑫, ⑱
   ㄴ → ①, ⑥, ⑭
   ㄷ → ②, ④, ⑯
   ㄹ → ⑤, ⑪, ⑮
   ㅁ → ③, ⑧, ⑩
   ㅂ → ⑨, ⑬, ⑰

C ㄱ → b
   ㄴ → f
   ㄷ → a
   ㄹ → c
   ㅁ → d
   ㅂ → e

D ㄱ → ⑦   ㅁ → ④   ㅈ → ①
   ㄴ → ③   ㅂ → ⑨   ㅊ → ⑪
   ㄷ → ⑥   ㅅ → ⑫   ㅋ → ⑧
   ㄹ → ②   ㅇ → ⑩   ㅌ → ⑤

E ㄱ → d
   ㄴ → a
   ㄷ → b
   ㄹ → e
   ㅁ → c

F ㄱ → ③
   ㄴ → ⑤
   ㄷ → ①
   ㄹ → ④
   ㅁ → ⑥
   ㅂ → ②